Slovak
In a Week!

The Ultimate Guide To Learn Slovak

By: Fluent Now

Please Note

This is a Language Book. Copyright © 2017 by Project Fluency. All rights reserved worldwide. No part of this publication may be reproduced or transmitted in any form without the prior written consent of the publisher. Limit of Liability/Disclaimer of Warranty: The publisher and author make no representations or warranties with respect to the accuracy or completeness of these contents and disclaim all warranties such as warranties of fitness for a particular purpose. The author or publisher is not liable for any damages whatsoever. The fact that an individual or organization is referred to in this document as a citation or source of information does not imply that the author or publisher endorses the information that the individual or organization provided.

Title ID: 8494077

ISBN-13: 978-1719257770

Table of Contents

Alphabets 7
Simple Reading 17
Basic Phrases 19
Pronouns 21
Verbs 29
Question Words 39
Numbers 41
Possessive Determiners 65
Nouns 73
Feminine 77
Masculine 89
Neuter 101
Case - Pronoun 107
Adjectives 121
Food 127

Alphabets

Slovak in a Week!

Slovak is written using an alphabet of Latin origin. But there are just a few letters that might sound a little bit different than letters you are used to in English.

A a	Flag
Á á	Laugh
Ä ä	Mad
B b	Bed
C c	Lots
Č č	Cherry
D d	Day
Dz dz	Seeds
Dž dž	Jacket
E e	Dress
É é	Pear
F f	Freeze
G g	Golden

Alphabets

H h	**H**eart
Ch ch	Lo**ch** Ness
I i	g**i**ft [1]
Í í	p**ee**l [2]
J j	**Y**acht
K k	**K**ite
L l	**L**eather
M m	**M**iracle
N n	**N**oo**n**
O o	Cl**o**ck
Ó ó	B**a**ll
P p	**P**eople
R r	**R**ome
S s	**S**leep
Š š	**Sh**elf
T t	**T**ea

U u	B**oo**k
Ú ú	N**oo**n
V v	**v**oice [3]
W w	**v**oice
X x	E**x**pert
Y y	Lovel**y**
Ý ý	**B**ean
Z z	**Z**oo
Ž ž	Mea**s**ure

[1] There is no difference in pronunciation between "I i" and "Y y".

[2] There is no difference in pronunciation between "Í í" and "Ý ý".

[3] There is no difference in pronunciation between "V v" and "W w".

Alphabets

The Slovak language has a few consonants, which do not appear in English. You should pronounce them softly. They are: "**ď**", "**ľ**", "**ň**" and "**ť** ". Punctuation marks ' and ˇ indicate the softness of a consonant before or under this mark (like English soft "sh" or "ch" in words "sheep" and "choice"). So, you read softly "**med'**"/medh/ not like "med", "**posteľ**" /postelh/ not like "postel", "**peň**" /penh/ not like "pen" and "**ťarcha**" /tharcha/ not like "tarcha".

There are also two long consonants, which do not exist in English: " **ĺ**" and "**ŕ**". You pronounce them like double "ll" and double "rr" (like in the English word "sorry"). Slovak language contains also the following diphthongs:

ia   **ya**rd

ie   **ye**llow

iu   **you**

ô   po**or** (pronunciation of **"ô"** is very similar to "poor").

In general, there is only a slight difference between the Slovak pronunciation and the written form of this language. Simply, you write the words as you hear them.

A a	**Ma**ma "mama"
Á á	**Pá**n "pa:n"
Ä ä	**Mä**so "mæso"
B b	**B**anka "banka"
C c	**C**esto "tsesto"
Č č	**Č**okoláda "chokola:da"
D d	**D**om "dom"

Alphabets

Ď ď	Me**ď** "medh"
Dz dz	Mlá**dz**a "mla:dza"
Dž dž	**Dž**em "dzhem"
E e	P**e**s "pes"
É é	Ant**é**na "ante:na"
F f	**F**arma "farma"
G g	**G**aloše "galoshe"
H h	**H**ad "had"
Ch ch	**Ch**lieb "chlieb"
I i	L**i**st "list"
Í í	Gomb**í**k "gombi:k"
J j	**J**ahoda "yahoda"
K k	E**k**onomi**k**a "ekonomika"
L l	**L**ietad**l**o "lyetadlo"
Ĺ ĺ	K**ĺ**b "kllb"
Ľ ľ	Poste**ľ** "postelh"

Slovak in a Week!

M m	Motor "motor"
N n	Genius "ge:nyus"
Ň ň	Peň "penh"
O o	Otec "otets"
Ó ó	Kolóna "kolo:na"
P p	Posteľ "postelh"
R r	Prezident "prezident"
Ŕ ŕ	Vŕba "vrrba"
S s	Syn "sin"
Š š	Šošovica "shoshovitsa"
T t	Tanier "tanyer"
Ť ť	Plť "plth"
U u	Tuleň "tulenh"
Ú ú	Kút "ku:t"
V v	Váza "va:za"
W w	Watt "vat"

Alphabets

X x	Extáza "eksta:za"
Y y	B**y**t "bit"
Ý ý	V**ý**let "vi:let"
Z z	Po**z**itívum "poziti:vum"
Ž ž	**Ž**ena "zhena"

Simple Reading

Slovak in a Week!

You have already learned the essential parts of the Slovak pronunciation. Now you can try to read some simple words:

Mačka ("machka"), pes ("pes") , banka ("banka") , rak ("rak")

Babka ("babka"), mama ("mama"), otec ("otets")

Try to read the next words:

Ráno (ra:no), obec (obets), deväť (devæth), čerešňa (chereshnha), rana (rana)

Try to read the next words without hints:

Chuť, plač, éra, ovos, bobor

Večer, šalát, päsť, nevädza, čiara

Basic Phrases

Dobré ráno - Good morning
Dobrý deň - Good afternoon
Dobrý večer - Good evening
Čau, ahoj – Hi
Dovidenia – Goodbye
Dovidenia – Bye
Áno – yes
Nie – no

Pronouns

Ja – I

Ty – you

On – he

Ona – she

Ono – it

My – we

Vy/Vy – you (plural)/you (polite form)

Oni/ ony – they (masculine, living / masculine inanimate, feminine, neuter)

As you can see, there are two more pronouns in Slovakian – you (polite form) and they. You are supposed to use pronoun "Vy" in the formal conversations, and with people that you've just met or don't know very well, and "ty" in the informal conversations, with close friends or if the person you are talking to is much younger. It is important to remember that as using "ty" in a formal setting or with a person you've just met is considered rude and using "Vy" in a conversation with a close friend is simply strange.

Pronouns

When we talk about the pronoun they, in the Slovak language we have two forms: "oni" and "ony". We distinguish between usage with masculine and other genders. You use the form "oni" only with the masculine living (animate) gender and "ony" with other genders.

What is your name?	Ako sa voláš?
My name is Ivan	Moje meno je Ivan. Volám sa Ivan. Moje meno je Ivan = Volám sa Ivan
Nice to meet you	Rád/ rada (masculine/ feminine) ťa spoznávam

A – Čau!	A – Hi!
B – Čau!	B – Hi!
A – Ako sa voláš?	A – What is your name?

B – Volám sa Ivan. Ako sa voláš ty?	B – My name is Ivan. What is your name?
A – Ja sa volám Peter. Rád ťa spoznávam.	A – My name is Peter. Nice to meet you!
B – I ja ťa rád spoznávam.	B – Nice to meet you!

How are you doing?

Ako sa máš?

Ako sa ti darí?

Ako sa darí tebe?

Dobre – Good

As you can see, the word order is not very important in Slovakian. You can change the word order as you wish and you won't make a mistake.

You can say:

Moje meno je Ivan = Meno moje je Ivan = Ivan je moje meno = Ivan je meno moje.

Ako sa darí tebe? = Tebe sa ako darí? = Tebe sa darí ako?

Tiež– too, also

A– and

A – Dobré ráno! Ako sa voláš?	A – Good morning! What is your name?
B – Dobré ráno! Volám sa Ivan. Ako sa voláš ty?	B – Good morning! My name is Ivan. What is your name?
A – Ja sa volám Irena.	A – My name is Irena.
B – Ako sa máš Irena?	B – How are you, Irena?
A – Dobre! A ty?	A – Good! And you?
B – Ja sa mám tiež dobre!	B – I am also good!
A – Dobrý večer! Volám sa Mária	A – Good evening! My name is Mária

Veselovská. Ako sa voláte Vy?	Veselovská. What is your name?
B – Rada Vás spoznávam. Ja sa volám Alena Dobrá.	B – Nice to meet you! My name is Alena Dobrá.
A – Tiež Vás rada spoznávam.	A – Nice to meet you! *formal (polite form)

The Slovak language is rich. One word can have many synonyms. As far as the word order it doesn't usually play a great role what is important is the intonation of the words and phrases. The intonation can change the meaning of the phrase and make it sound sarcastic, sympathetic, etc. But at the same time, sometimes more rarley the meaning of a phrase can be changed by a means of word order changes. It doesn't happen often, but here are some examples:

Ja ťa/(or "teba")[1] milujem.

I love you.

You can change the word order as you wish. But in this case, you will also change the main idea of the phrase.

Ja milujem teba.

Or

Milujem (ja)[2] teba (or "ťa").

These two phrases can be used as a statement "I love you", like in the previous example. They can also answer the question "What do I feel for you?" - "I LOVE you".

Teba ja milujem.

This phrase would rather focus on the object - you and it would mean "I love YOU".

Teba milujem ja.

It will mean "I am the one who loves you".

[1]Slovakian is also special in the use of pronouns. You can either say "teba" or "ťa" ("mňa" or "ma").

[2]You can either say "ja" or leave it out in the sentence.

Verbs

We conjugate verbs in Slovakian, which is typical for Slavic languages. Unlike conjugation in English, in the Slovak language there are more forms of the verb than in English.

MILOVAŤ - To Love

I love – Ja mil+ujem

You love – Ty mil+uješ

He loves – On mil+uje

She loves - Ona mil+uje

It loves - Ono mil+uje

We love – My mil+ujeme

You love – Vy/Vy mil+ujete

They love – Oni mil+ujú (masculine, living)

They love – Ony mil+ujú (other genders)

ROZUMIEŤ – To Understand

Ja rozum+iem
Ty rozum+ieš
On rozum+ie
Ona rozum+ie
Ono rozum+ie
My rozum+ieme
Vy rozum+iete
Oni rozum+ejú
Ony rozum+ejú

PRACOVAŤ - To Work

Ja prac**ujem**

Ty prac**uješ**

On/ona/ono prac**uje**

My prac**ujeme**

Vy/Vy prac**ujete**

Oni/ony prac**ujú**

MAĽOVAŤ – To Paint

Ja maľ**ujem**

Ty maľ**uješ**

On/ona/ono maľ**uje**

My maľ**ujeme**

Vy/Vy maľ**ujete**

Oni/ony maľ**ujú**

Verbs

A – (Ty) pracuješ?
    A – Do you work?
B – (Ja) pracujem i maľujem. A ty pracuješ?
    B – I work and paint. And do you work?
A – **Áno,** (ja) pracujem. (Ty) maľuješ?
    A – Yes, I work. Do you paint?
B – **Nie,** (ja) **ne**maľujem.
    B – No, I do not paint.

A – Čau!
    A – Hi!
B – Čau!
    B – Hi!
A – Ako sa voláš?
    A – What is your name?
B – Ja sa volám Ján. A ty sa ako voláš?
    B – My name is John. What is your name?
A – Ja sa volám Pavol. Rád ťa spoznávam,

Ján.

    A – My name is Pavlo. Nice to meet you, John.

B – Rád ťa spoznávam.

    B – Nice to meet you!

A – Ako sa máš?

    A – How are you doing?

B – Dobre! A ty sa ako máš?

    B – Good! How are you?

A – Ja sa mám tiež dobre. (Ty) Si z Ukrajiny, Ján?

    A – I am good too. Are you from Ukraine, John?

B – Nie, (ja) som z Ameriky. Ale (ja) žijem a pracujem

na Ukrajine. Rozprávam po ukrajinsky.

    B – No, I am from America. But I live and work in Ukraine. I speak Ukrainian.

A – Skvelé! A ja som z Ukrajiny. Učím sa anglicky.

    A – Great! And I am from Ukraine.

> I learn English.
>
> B – (Ty) Pracuješ alebo študuješ?
>
> B – Do you work or study?
>
> A – (Ja) Nepracujem. (Ja) Študujem.
>
> A – I don't work. I study.
>
> B – Skvelé!
>
> B – Great!

There is one more category of verbs: reflexive verbs category.

You can easily identify a reflexive verb as it always ends with "sa" or "si" – učiť sa (to study), hrať sa (to play), zapísať si (to write), zapamätať si (to remember). The reflexive pronouns "sa" and "si" are always written separately from the verb. We conjugate the reflexive verbs almost in the same way we did in the previous verb category.

UČIŤ SA

Ja sa uč+ím

Ty sa uč+íš

On/ ona/ ono sa uč+í

My sa uč+íme

Vy/ vy sa uč+íte

Oni/ ony sa uč+ia

ZAPÍSAŤ SI

Ja si zapí+šem

Ty si zapí+šeš

On/ ona/ ono si zapí+še

My si zapí+šeme

Vy/ Vy si zapí+šete

Oni/ ony si zapí+šu

A – Čau! Ako sa máš?

    A – Hi! How are you doing?

B – Dobre! A ty sa ako máš?

    B – Good! How are you?

A – Ja sa mám tiež dobre. Ja som nevedel, že **sa** spolu

    učíte.

    A – I am also good. I didn't know that you study together.

B – My **sa** spolu **neučíme**. My pracujeme v rovnakej

    spoločnosti.

    B – We don't study together. We work together in one company.

A – Skvelé!

    A – Great!

Question Words

Kto? – Who?

Čo? – What?

Kde? – Where?

Kedy? – When?

Ako? – How?

Na čo? – What for?

Prečo? – Why?

Koľko? – How much?

Ktorý? – Which?

Numbers

1	Jeden (masculine), jedna (feminine), jedno (neuter gender)
2	dva (masculine), dve (feminine, neuter gender)
3	tri
4	štyri
5	päť
6	šesť
7	sedem
8	osem
9	deväť
10	desať
11	jedenásť
12	dvanásť
13	trinásť
14	štrnásť

Numbers

15	pätnásť
16	šestnásť
17	sedemnásť
18	osemnásť
19	devätnásť
20	dvadsať
21	dvadsaťjeden
22	dvadsaťdva
30	tridsať
34	tridsaťštyri
40	štyridsať
50	päťdesiat
60	šesťdesiat
70	sedemdesiat
80	osemdesiat
90	deväťdesiat

100	sto
102	sto dva
111	sto jedenásť
135	sto tridsať päť
200	dvesto
300	tristo
400	štyristo
500	päťsto
600	šesťsto
700	sedemsto
800	osemsto
900	deväťsto
1000	tisíc
2000	dvetisíc
3000	tritisíc
1 000 000	milión

Euro – EUR (currency valid in the Slovak Republic)

Stáť – to cost

Koľko to stojí? – How much does it cost?

Number "jedno" with the combination of the currency EUR would have a singular form "euro":

Stojí to jedno euro. – It costs 1 EUR.

Numbers "dve", "tri" and "štyri" with the combination of the currency EUR would have a plural form "eurá":

Everything else would have a plural form "eur."

Päť(desať, sto, tisíc) eur.

A – Dobrý deň! Koľko stojí chlieb?

> A – Good afternoon! How much does the bread cost?

B – Dobrý deň! Chlieb stojí 1 (jedno) euro.

> B – Good afternoon! The bread costs 1 EUR.

A – Koľko stojí kuracie mäso?

> A – How much does the chicken meat cost?

B – Kuracie mäso stojí 5 (päť) eur.

> B – The chicken meat costs 5 EUR.

A – Koľko stojí saláma?

> A – How much does the ham cost?

B – Saláma stojí 2 (dve) eurá.

> B – The ham costs 2 EUR.

Koľko máš(máte) rokov? – How old are you?

(Ja) Mám 24 rokov. – I am 24 years old.

(Ja) Mám 31 rokov – I am 31 years old.

(Ja) Mám 56 rokov. – I am 56 years old.

Kde pracuješ? – Where do you work?

Kde pracujete? – Where do you work? (polite form)

Aká je tvoja (Vaša) profesia? – What is your profession?

The polite form of dialog, *formal::

A – Dobré ráno!
    A – Good morning!
B – Dobré ráno!
    B – Good morning!
A – Ako sa máte?
    A – How are you?
B – Dobre. A Vy sa ako máte?
    B – Good. And you?

A – Skvelo!

    A – Great!

B – Pracujete?

    B – Do you work?

A – Áno.

    A – Yes.

B – Pracujete tu?

    B – DO you work here?

A – Nie, (ja) nepracujem tu.

    A – No, I don't work here.

B – Kde (Vy) pracujete?

    B – Where do you work?

A – (Ja) som učiteľ. (Ja) pracujem v škole. (Ja)

    vyučujem jazyky.

A – I am a teacher. I work at school. I teach languages.

B – Skvelé!

    B – Great!

A – A (Vy) pracujete?

    A – And do you work?

> B – Nie. (Ja) študujem.
>
> > B – No. I study.
>
> A – Koľko máte rokov?
>
> > A – How old are you?
>
> B – (Ja) mám 22 rokov.
>
> > B – I am 22 years old.
>
> A – Čo študujete?
>
> > A – What do you study?
>
> B – (Ja) študujem ekonomiku. (Ja) som ekonóm.
>
> > B – I study economics. I am an economist.

Učiť (sa) - to learn

(Po) ukrajinsky – Ukrainian

Ja sa učím po ukrajinsky - I learn Ukrainian

Ty sa učíš po anglicky - You learn English

On/ona/ono sa učí po španielsky - He/she/it learns Spanish

My sa učíme po nemecky - We learn German

Vy sa učíte po kórejsky - You learn Korean

Oni/ ony sa učia po japonsky - They learn Japanese

Učíte sa po turecky? - Do you learn Turkish?

Áno, my sa učíme po turecky – Yes, we learn Turkish

Nie, my sa neučíme po turecky - No, we don't learn Turkish

Učíš sa po taliansky? - Do you learn Italian?

Áno, ja sa učím po taliansky - Yes, I learn Italian

Nie, ja sa neučím po taliansky - No, I don't learn Italian

Hovoriť - to speak

Hovoriť arabsky/rusky/francúzsky - to speak Arabic/Russian/French

Ja hovorím nemecky - I speak German

Ty hovoríš taliansky - you speak Italian

On/ona/ono hovorí španielsky - he/she/it speaks Spanish

My hovoríme ukrajinsky - we speak Ukrainian

Vy hovoríte rusky - you speak Russian

Oni/ ony hovoria arabsky - they speak Arabic

Hovorí dánsky? - Does he speak Danish?

A – Čau! Ako sa máš?

    A – Hi! How are you?

B – Čau! Super! A ty sa máš ako?

    B – Hi! Super! And how are you?

A – Všetko je, ako má byť!

    A – Everything is good!

B – Ty sa učíš po anglicky?

    B – Do you learn English?

A – Nie, ja sa učím po španielsky. (Ja) rozumiem

    anglicky.

    A – No, I learn Spanish. I understand English.

B – Ja tiež rozumiem anglicky.

    B – I understand English too.

> **The polite form of dialog, *formal:**
>
> A – Dobrý deň!
> > A – Good afternoon!
>
> B – Dobrý deň!
> > B – Good afternoon!
>
> A – Vy rozumiete francúzsky?
> > A – Do you understand French?
>
> B – Nie, ja hovorím iba anglicky a ukrajinsky.
> > B – No, I only speak English and Ukrainian.
>
> A – Je mi ľúto. (Ja) nerozumiem.
> > A – I am sorry. I don't understand.

Všetko – everything

Je mi ľúto – I am sorry

Ospravedlň ma/ ospravedlňte ma (the polite form, *formal) – Excuse me

Je to v poriadku – it's ok

Boh ťa žehnaj/ boh Vás žehnaj (the polite form, *formal) – bless you

Ďakujem – thank you

Niet za čo – you are welcome

Ale – But

Odkiaľ si? – Where are you from?

Odkiaľ ste? – Where are you from? (the polite form, *formal)

Žiť/ bývať – to live

Germany – Nemecko – (in Germany) v Nemecku (pracovať v Nemecku, žiť v Nemecku) - (from Germany) z Nemecka (prísť z Nemecka)

Estonia – Estónsko – v Estónsku – z Estónska

France – Francúzsko – vo Francúzsku – z Francúzska

Poland – Poľsko – v Poľsku – z Poľska

Australia – Austrália – v Austrálii – z Austrálie

Spain – Španielsko – v Španielsku – zo Španielska

Ukraine – Ukrajina – na Ukrajine – z Ukrajiny

Turkey – Turecko – v Turecku – z Turecka

Slovakia – Slovensko – na Slovensku – zo Slovenska

Ja som z Nemecka. (Ja) Hovorím nemecky. – I am from Germany. I speak German.

Ty si z Turecka. (Ty) Hovoríš turecky. – You are from Turkey. You speak Turkish.

On je z Francúzska. (On) hovorí francúzsky. - He is from France. He speaks French.

Ona je zo Španielska. (Ona) Hovorí španielsky. - She is from Spain. She speaks Spanish.

Ono je z USA. (Ono) Hovorí anglicky. - It is from the USA. It speaks English.

My sme z Ukrajiny. (My) Hovoríme ukrajinsky. - We are from Ukraine. We speak Ukrainian.

Vy/Vy ste z Poľska. (Vy/Vy) hovoríte poľsky. – You are from Poland. You speak Polish.

Oni/ony sú zo Slovenska. (Oni/ony) hovoria slovensky. – They are from Slovakia. They speak Slovak.

> Florián je z Nemecka. Ale (on) žije vo Francúzsku.
>
> > Florian is from Germany. But he lives in France.
>
> Lucia je z Francúzska. Ale (ona) žije na Ukrajine. Učí sa po ukrajinsky.
>
> > Lucy is from France. But she lives in Ukraine. She learns Ukrainian.
>
> Olena je z Ukrajiny. Ale (ona) žije a pracuje v USA. Olena hovorí ukrajinsky a anglicky.
>
> > Olena is from Ukraine. But she lives and works in the USA. Olena speaks Ukrainian and English.
>
> Peter je z USA. Ale (on) žije v Španielsku. Peter hovorí anglicky, španielsky a francúzsky. On sa tiež učí po nemecky.
>
> > Peter is from the USA. But he lives in Spain. Peter speaks English, Spanish and French. He also learns

> German.

Muž - muži (man – men)
Žena - ženy (woman – women)
Dievča - dievčatá (girl – girls)
Chlapec - chlapci (boy – boys)
Dieťa - deti (child – children)
Syn - synovia (son – sons)
Dcéra - dcéry (daughter – daughters)

> Je to žena. Volá sa Katarína. (Ona) má 30 rokov. (Ona) žije na Slovensku. (Ona) hovorí slovensky a rusky. (Ona) je **vydatá.**
>
>> It is a woman. Her name is Katarína. She is 30 years old. She lives in Slovakia. She speaks Slovak and Russian. She is **married.**
>
> Je to muž. Volá sa Oleksandr. (On) má 41 rokov. (On) žije v **Číne**. (On) hovorí ukrajinsky a anglicky. Učí sap o čínsky. (On) je **slobodný**.
>
>> It is a man. His name is Oleksandr. He is 41 years old. He lives in

> **China**. He speaks Ukrainian and English. He learns Chinese. He is **single**.

> Meno – name
> Darina
> Priezvisko – family name, surname
> Kubičárová
> Krajina – country
> Slovensko
> Adresa – address
> Štúrova ulica, dom 5, byt 17
> mesto Poprad
> 058 01
> Telefón – telephone number
> +421975554455

Ja nerozumiem. Zopakujte to pomalšie, prosím – I don't understand. Repeat it more slowly please.

Ja nerozumiem. Čo to znamená? – I don't understand. What does it mean?

Kde je pošta? – Where is a post office?

Kde je toaleta? – Where is a toilet?

Kde je škola? – Where is a school?

Kde je reštaurácia? – Where is a restaurant?

Kde je nemocnica? – Where is a hospital?

Kde je hotel? – Where is a hotel?

Kde je banka? – Where is a bank?

Kde je železničná/ autobusová stanica? – Where is a railway/bus station?

Kde si ty? – Where are you?

Kde je Olena? – Where is Olena?

In the center of the city:

Vpravo – to the right

Vľavo – to the left

Dopredu – forward

Za rohom – around the corner

Tam – there

Ísť, pôjsť – to go
Zabočiť – to turn
Mať – to have
Otázka – question

A – Dobrý deň.
    A – Good afternoon.
B – Dobrý deň.
    B – Good afternoon.
A – (Ja) mám otázku. Kde je nemocnica?
    A – I have a question. Where is a hospital?
B – Nemocnica je za rohom.
    B – A hospital is around the corner.
A – A kde je banka?
    A – And where is a bank?
B – Pôjdete dopredu 40 m, potom zabočíte vľavo a ešte pôjdete dopredu 50 m. Banka je tam.
    B – You go 40 m forward, then you turn to the left and go forward 50 m more. A bank is there.

Čo je to? – What is it?

Kto je to? – Who is it?

Kniha – book

Panvica – pan

Hrnček – mug

Stôl – table

Stolička – chair

Lekár - doctor

Slovak in a Week!

A – Čo je to?
    A – What is it?
B – To je kniha.
    B – It is a book.
A – Čo je to?
    A – What is it?
B – To je panvica.
    B – It is a pan.
A – Čo je to?
    A – What is it?
B – To je pošta.
    B – It is a post office.
A – Čo je to?
    A – What is it?
B – To je hrnček.
    B – It is a mug.
A – Čo je to?
    A – What is it?
B – To je stôl.
    B – It is a table.

A – Čo je to?

    A – What is it?

B – To je stolička.

    B – It is a chair.

A – Kto je to?

    A – Who is it?

B – To je moja dcéra.

    B – It is my daughter.

A – Kto je to?

    A – Who is it?

B – To je učiteľ.

    B – It is a teacher.

A – Kto je to?

    A – Who is it?

B – To je lekár.

    B – It is a doctor.

A – Kto je to?

    A – Who is it?

B – To je môj syn.

    B – It is my son.

Possessive Determiners

Slovak in a Week!

Possessive pronouns in the third person (on – jeho; ona – jej; ono – jeho; oni – ich; ony - ich) are not declined! They remain unchanged in all genders, numbers and cases.

Determiner	Masculine Gender	Feminine Gender	Neuter Gender	Plural	
				Masculine Gender – with animate nouns	Other Genders
My	môj	moja	moje	moji	moje
Your	tvoj	tvoja	tvoje	tvoji	tvoje
His, its	jeho	jeho	jeho	jeho	jeho
Her	jej	jej	jej	jej	jej
Our	náš	naša	naše	naši	naše
Your (pl)	váš	vaša	vaše	vaši	vaše
Their	ich	ich	ich	ich	ich

Possessive Determiners

Pes – dog

Mačka – cat

Prekrásny – beautiful

Milý - nice

Veľmi – very

Skutočne – exactly

Priateľ (priatelia) – friend (friends) *male

Priateľka (priateľky) – friend (friends) *female

Mama – mother

Otec – father

Babka – grandmother

Dedko – grandfather

Brat – brother

Sestra – sister

Pero - pen

Toto – this

Tamto – that

Tieto – these

Tamtie - those

Doma – at home

Rád niečo robiť (to like to do something) = rád čítať (to like to read), rád sa hrať (to like to play).

A – Je to tvoja mačka?

    A – Is it your cat?

B – Áno, to je moja mačka.

    B – Yes, it is my cat.

A – (Ona) je milá.

    A – It is nice.

B – Ďakujem. A je to tvoj pes?

    B – Thank you. And is it your dog?

A – Nie, to je jeho pes.

    A – No, it is his dog.

B – Jeho pes je tiež veľmi prekrásny.

    B – His dog is very beautiful too.

A – Sú tieto tvoje deti?

    A – Are these your children?

B – Áno, tieto sú moje deti. Toto je Lucia, Ivan a

    Katarína.

Possessive Determiners

> B – Yes, these are my children. This is Lucia, Ivan and Katarína.
>
> A – Prekrásne deti.
>
>> A – Beautiful children.
>
> B – Ďakujem.
>
>> B – Thank you.
>
> A – Je to ich kniha?
>
>> A – Is it their book?
>
> B – Áno, to je ich kniha. (Oni) radi čítajú.
>
>> B – Yes, it is their book. They like to read.

> A – Je toto tvoje pero?
>
>> A – Is this your pen?
>
> B – Nie, toto je jej pero. Je to tvoja kniha?
>
>> B – No, this is her pen. Is it your book?
>
> A – Nie, to je tvoja kniha.
>
>> A – No, it is your book.
>
> B – Skutočne! Je to tiež moja kniha?
>
>> B – Exactly! Is it also my book?

A – Nie, to je ich kniha.

    A – No, it is their book.

B – Je tamto tvoja mama?

    B – Is that your mother?

A – Áno, tamto je moja mama. A tamto je jej priateľ.

    A – Yes, that is my mother. And that is her friend.

B – Tamto je moja mama. Naše mamy sú priateľky.

    B – That is my mom. Our moms are friends.

A – Je to tvoj otec?

    A – Is it your father?

B – Nie, to je môj brat. Tamto je môj otec. A je to tvoj brat?

    B – No, it is my brother. That is my father. And is it your brother?

A – Áno. A kde je tvoja mačka?

    A – Yes. And where is your cat?

B – Moja mačka je doma a kde je tvoja

mačka?

> B – My cat is at home. And where is your cat?

A – Moja mačka je tiež doma.

> A – My cat is also at home.

Nouns

You have already learned many nouns. And you probably noticed that the usage of a noun in Slovakian differs from the usage of a noun in English. First of all, there are no articles in Slovak language. But the main difference is the number of cases. In English we use only two cases: nominative case and possessive case. In Slovakian we have six cases: Nominative, Genitive, Dative, Accusative, Locative and Instrumental.

You can see that nouns in the Slovak language interact with other words in the sentence differently than in English.
The Slovak language, like most Slavic languages, is an inflected language.
The endings (and sometimes also the stems) of most words
(nouns, adjectives, pronouns and numerals) change depending on the given combination of the grammatical gender, the grammatical number and the grammatical case of the particular word in the particular sentence. There is a case for every purpose. If you've learned German, you are already familiar with some of them. The difference between German and Slovakian is that German has

Nouns

four cases and Slovakian has six. You can easily choose the right case of the noun by answering questions:

Nominative	Who? What?
	It's my mom / To je moja **mama**.
Genitive	From who? From what?
	I got this book from my mom/ Dostal som túto knihu od **mamy**.
Dative	To whom?
	I gave this book to my mom/ Dal som túto knihu **mame**.
Accusative	Who? What?
	I see my mom / Vidím moju **mamu**.
Locative	Where? About whom? About what?

	I've heard something bad about my mom. / Počul som niečo zlé o mojej **mame**.
Instrumental	With what? With whom?
	I went with my mom to the cinema. / Išiel som s mojou **mamou** do kina.

Cases are usually pretty hard to understand and use in the beginning, because it's a new concept for English-speaking learners. But with a bit of practice, you'll get a hang of it.

The endings of nouns in different cases depend on genders (masculine, feminine, neuter). For each gender, there are four basic declension models. These are important when you want to decline the noun and create a plural of the noun. You can have a look at them in the following part of this book.

Feminine

Four declension models of each gender help us to create either singular or plural form correctly. We can divide the nouns of feminine gender into 2 groups:

Ending with -a	žena	hard or bilabial consonant before -a	hlava, ruka, noha
	ulica	soft consonant before -a	tabuľa, schôdza, ruža

and

Ending with consonant	dlaň	N, pl. is ending with - e	päsť, pieseň, loď
	kosť	N, pl. is ending with - i	krv, noc, nenávisť

1. Ending with "a"

Model ŽENA

Case	Singular	Plural
Nominative	žen - **a**	žen - **y**
Genitive	žen - **y**	**žien**

Feminine

Dative	žen - **e**	žen - **ám**
Accusative	žen - **u**	žen - **y**
Locative	žen - **e**	žen - **ách**
Instrumental	žen - **ou**	žen - **ami**

Nominative	mačk**a**
	Mačka je moje najobľúbenejšie zviera.
	A cat is my favourite animal.
Genitive	mačk**y**
	Vzťah dieťaťa a mačky môže byť pekný.
	The relation between a cat and a child can be nice.
Dative	mačk**e**
	(Ona) dala mačke jedlo.
	She gave a cat some food.

Accusative	mačk**u**
	(On) kúpil mačku.
	He bought a cat.
Locative	mačk**e**
	Na mačke je veľa chlpov.
	There is a lot of hair on a cat.
Instrumental	mačk**ou**
	S mačkou nemáš veľa starostí.
	You don´t have a lot of troubles with the cat.

Model ULICA

Case	Singular	Plural
Nominative	ulic - **a**	ulic - **e**
Genitive	ulic - **e**	ul**íc**

Feminine

Dative	ulic - **i**	ulic - **iam**
Accusative	ulic - **u**	ulic - **e**
Locative	ulic - **i**	ulic - **iach**
Instrumental	ulic - **ou**	ulic - **ami**

Nominative	mulic**a**
	Mulica je moje najobľúbenejšie zviera.
	A mule is my favourite animal.
Genitive	mulic**e**
	Vzťah dieťaťa a mulice môže byť pekný.
	The relation between a mule and a child can be nice.
Dative	mulic**i**
	(Ona) dala mulici jedlo.

	She gave a mule some food.
Accusative	mulic**u**
	(On) kúpil mulicu.
	He bought a mule.
Locative	mulic**i**
	Na mulici je veľa chlpov.
	There is a lot of hair on a mule.
Instrumental	mulic**ou**
	S mulicou nemáš veľa starostí.
	You don´t have a lot of troubles with a mule.

Feminine

2. Ending with consonant

Model DLAŇ

Case	Singular	Plural
Nominative	dlaň	dlan - **e**
Genitive	dlan - **e**	dlan - **í**
Dative	dlan - **i**	dlan - **iam**
Accusative	dlaň	dlan - **e**
Locative	dlan - **i**	dlan - **iach**
Instrumental	dlaň - **ou**	dlaň - **ami**

Nominative	laň
	Laň je moje najobľúbenejšie zviera.
	A doe is my favourite animal.
Genitive	lan**e**

	Vzťah dieťaťa a lane môže byť pekný.
	The relation between a doe and a child can be nice.
Dative	lan**i**
	(Ona) dala lani jedlo.
	She gave a doe some food.
Accusative	laň
	(On) kúpil laň.
	He bought a doe.
Locative	lan**i**
	Na lani je veľa chlpov.
	There is a lot of hair on a doe.
Instrumental	laň**ou**
	S laňou nemáš veľa starostí.
	You don´t have a lot of

	troubles with a doe.

The following nouns are declined like dlaň, not like kosť: obec (village), päsť (fist), čeľusť (jaw). We also decline according the model "dlaň" nouns ended with –*šť*, e.g. púšť- púšte (desert – deserts).

Model KOSŤ

You decline these feminine nouns according the model "kosť", which end with following consonants in singular in Nominative case:

- *c*, e.g. noc – noci (night – nights)
- *s*, e.g. hus – husi (goose – geese)
- *v*, e.g. obuv – obuvi (footwear)
- *p*, e.g. otep – otepi (sheaf – sheaves)
- *osť*, e.g. múdrosť (wisdom)
- *sť*, e.g. časť – časti (part – parts)
- *ť*, e.g. pleť (complexion); except nouns ended with –*šť*, which we decline according the model "dlaň"

Case	Singular	Plural
Nominative	kosť	kost - **i**
Genitive	kost - **i**	kost - **í**
Dative	kost - **i**	kost - **iam**
Accusative	kosť	kost - **i**
Locative	kost - **i**	kost - **iach**
Instrumental	kosť - **ou**	kosť - **ami**

Nominative	hus
	Hus je moje najobľúbenejšie zviera.
	A goose is my favourite animal.
Genitive	hus**i**
	Vzťah dieťaťa a hus**i** môže byť pekný.
	The relation between a goose and a child can be

Feminine

	nice.
Dative	hus**i**
	(Ona) dala hus**i** jedlo.
	She gave a goose some food.
Accusative	hus
	(On) kúpil laň.
	He bought a goose.
Locative	hus**i**
	Na hus**i** je veľa peria.
	There is a lot of feather on a goose.
Instrumental	hus**ou**
	S hus**ou** nemáš veľa starostí.
	You don´t have a lot of troubles with a goose.

Masculine

Generally, we divide masculine nouns into living and non-living masculine nouns.

The **living masculine nouns** are declined according two models chlap and hrdina. The **non-living masculine nouns** are also declined according two models dub and stroj.

1. **Model CHLAP**

The following nouns are declined like chlap:

- living masculine nouns ending in a consonant or -o:
  chlapec, otec, syn, dedo, Jano, pes, vn uk, spolužiak
- only in singular form - animal nouns:
  pes, vlk, vták, lev, medveď, kôň

Case	Singular	Plural
Nominative	chlap	chlap - **i**
Genitive	chlap -**a**	chlap - **ov**
Dative	chlap -**ovi**	chlap - **om**

Masculine

Accusative	chlap -a	chlap - ov
Locative	chlap - ovi	chlap - och
Instrumental	chlap -om	chlap - mi

Nominative	kamarát
	Môj najobľúbenejší kamarát je Peter.
	Peter is my favourite friend.
Genitive	kamaráta
	Vzťah dieťaťa a jeho kamaráta môže byť pekný.
	The relation between a child and its friend can be nice.
Dative	kamarátovi
	(Ona) dala kamarátovi jedlo.
	She gave a friend some

	food.
Accusative	kamarát**a**
	(On) pozdravil kamaráta.
	He said hello to his friend.
Locative	kamarát**ovi**
	O kamarátovi hovorím vždy pekne.
	I always say nice things about my friend.
Instrumental	kamarát**om**
	S dobrým kamarátom nemáš veľa starostí.
	You don´t have a lot of troubles with a good friend.

2. Model HRDINA

The following nouns are declined like hrdina:

- (Living) masculine nouns ending in -a:
  sudca, sluha, hokejista, huslista

Note: Words ending in –ista have the ending -i (huslisti, hokejisti...) in the nominative plural.

Case	Singular	Plural
Nominative	hrdin - **a**	hrdin - **ovia**
Genitive	hrdin - **u**	hrdin - **ov**
Dative	hrdin - **ovi**	hrdin - **om**
Accusative	hrdin - **u**	hrdin - **ov**
Locative	hrdin - **ovi**	hrdin - **och**
Instrumental	hrdin - **om**	hrdin - **ami**

Nominative	futbalist**a**
	Môj najobľúbenejší futbalista je Peter.
	Peter is my favourite football player.
Genitive	futbalist**u**
	Vzťah dieťaťa a futbalistu môže byť pekný.
	The relation between a child and a football player can be nice.
Dative	futbalist**ovi**
	(Ona) dala futbalistovi jedlo.
	She gave a football player some food.
Accusative	futbalist**u**
	(On) pozdravil futbalistu.
	He said hello to a football

	player.
Locative	futbal**istovi**
	O futbalistovi hovorím vždy pekne.
	I always say nice things about a football player.
Instrumental	futbal**istom**
	S dobrým futbalistom nemáš veľa starostí.
	You don´t have a lot of troubles with a good football player.

3. Model DUB

The following nouns are declined like dub:

- (non-living) masculine substantives ending with a hard or bilabial consonant:
  potok, dom, strom, obraz, autobus, trolejbus, pondelok, utorok, štvrtok, piatok

- only in plural form — animal nouns ending with a hard or neutral consonant:
  slon, had, vlk, lev

Case	Singular	Plural
Nominative	dub	dub -y
Genitive	dub -a	dub -ov
Dative	dub -u	dub -om
Accusative	dub	dub -y
Locative	dub -e	dub -och
Instrumental	dub -om	dub -mi

Nominative	dom
	Dom je moje najobľúbenejšie miesto.
	A house is my favourite place.
Genitive	dom**a**

Masculine

	Z Čiech prichádza skvelé cvičenie na doma.
	Great exercising in the house comes from the Czech Republic.
Dative	dom**u**
	Kľúč od domu nikdy nestratíš..
	You will never lose the key from your house.
Accusative	dom
	(On) kúpil dom.
	He bought a house.
Locative	dom**e**
	Najkrajšie rána sú vo vlastnom dome.
	The most beautiful mornings are in the own house.
Instrumental	dom**om**

	S domom máš veľa starostí.
	You have a lot of troubles with the house.

4. Model STROJ

- The following nouns are declined like stroj:
- (non-living) masculine nouns ending in a soft consonant:
  kôš, oheň, nôž, čaj, počítač, dážď, máj , kameň
- only in plural form — animal nouns that end in a soft consonant:
  medveď, kôň, mravec

Case	Singular	Plural
Nominative	stroj	stroj **-e**
Genitive	stroj **-a**	stroj **-ov**
Dative	stroj **-u**	stroj **- om**
Accusative	stroj	stroj **- e**
Locative	stroj **-i**	stroj **-och**

Masculine

Instrumental	stroj -**om**	stroj -**mi**

Nominative	čaj
	Čaj je môj najobľúbenejší nápoj.
	Tea is my favourite drink.
Genitive	čaj -**a**
	Z čajovníka máš lahodný nápoj.
	You have delicious drink from tea
Dative	čaj -**u**
	(Ona) dala do čaju cukor.
	She gave sugar into tea.
Accusative	čaj
	(On) kúpil čaj.

	He bought a cup of tea.
Locative	čaj -**i**
	V čaji je veľa cukru.
	There is a lot of sugar in tea.
Instrumental	čaj -**om**
	S čajom nemáš veľa práce.
	You don´t have a lot of work with tea.

Neuter

We can decline the nouns of neuter gender according to 4 models:

- Ending in -o, -on or –um: **mesto**
  auto, jablko, Slovensko, epiteton, múzeum
- Ending in –e: **srdce**
  vajce, more, nástupište, pole
- Ending in –ie: **vysvedčenie**
  lístie, stretnutie, námestie, umenie
- Ending in -a or –ä: **dievča**
  dieťa, zviera, kura, žriebä

Nominative	mest-o
	srdc-e
	vysvedčen-ie
	dievč-a
Genitive	mest-a
	srdc-a

Neuter

	vysvedčen-ia
	dievč-aťa
Dative	mest-u
	srdc-u
	vysvedčen-iu
	dievč-aťu
Accusative	mest-o
	srdc-e
	vysvedčen-ie
	dievč-a
Locative	mest-e/-u

Slovak in a Week!

	srdc-i
	vysvedčen-í
	dievč-ati
Instrumental	mest-om
	srdc-om
	vysvedčen-ím
	dievčať-om

Nominative	mačiatko
	Mačiatko je moje najobľúbenejšie zviera.
	A kitten is my favourite animal.

Neuter

Genitive	mačiatk**a**
	Vzťah dieťaťa a mačiatka môže byť pekný.
	I don't have a kitten.
Dative	mačiatk**u**
	(Ona) dala mačiatku jedlo.
	She gave a kitten some food.
Accusative	mačiatk**o**
	(On) kúpil mačiatko.
	He bought a kitten.
Locative	mačiatk**u**
	Na mačiatku je veľa chlpov.
	There is a lot of hair on a kitten.
Instrumental	mačiatk**om**

| | S mačiatkom nemáš veľa starostí. |
| | You don´t have a lot of troubles with the kitten. |

Case - Pronoun

The same rules work for pronouns in singular and plural. But for the pronouns ja, ty, on we distinguish between long (mňa, teba, jeho...) and short (ma, ťa, ho...) forms. The short form is never at the beginning of a sentence.

SINGULAR

Nominative	**ja**
	Ja rád/ rada čítam (mas/fem)
	(I love reading)
	ty
	Ty rád čítaš
	on
	On rád číta
	ona
	Ona rada číta
	ono
	Ono rado číta

Case - Pronoun

Genitive	**Mňa** or **ma** On dostal dar odo mňa. (He got the present from me.)
	Teba or **ťa** On dostal dar od teba.
	Jeho, neho –**ňho** or -**ň** On dostal dar od neho.
	Jej or **nej** On dostal dar od nej.
	Jeho, neho –or -**ň** On dostal dar od neho.
Dative	**Mne** or **mi** Ona mi dala knihu. (She gave me a book)
	Tebe or **ti** Ona ti dala knihu.
	Jemu, nemu or **mu** Ona mu dala knihu.

	Jej or **nej**
	Ona jej dala knihu.
	Jemu, nemu or **mu**
	Ona mu dala knihu.
Accusative	**Mňa** or **ma**
	On ma pozval na koncert.
	(He invited me for a concert)
	Teba or **ťa**
	On ťa pozval na koncert.
	Jeho, neho, - ňho, -ň or **ho**
	On ho pozval na koncert.
	Ju or **ňu**
	On ju pozval na koncert.
	Ho, jeho, -ň
	On ho pozval na koncert.
Locative	**mne**
	Vy hovoríte o mne.
	(You are talking about me.)

Case - Pronoun

	tebe Oni hovoria o tebe.
	ňom Oni hovoria o ňom.
	nej Oni hovoria o nej.
	ňom Oni hovoria o ňom.
Instrumental	**mnou** Je ťažké byť mnou. (It is hard to be me)
	tebou Je ťažké byť tebou.
	ním Je ťažké byť ním.
	ňou Je ťažké byť ňou.
	ním

	Je ťažké byť ním.

PLURAL

Nominative	**My**
	My radi čítame.
	Vy
	Vy radi čítate.
	Oni
	Oni radi čítajú.
	Ony
	Ony radi čítajú.
Genitive	**Nás**
	Oni dostali dar od nás.
	Vás
	Oni dostali dar od vás.
	Ich or **nich**
	Oni dostali dar od nich.
	Ich or **nich**

		Oni dostali dar od nich.
Dative	**Nám**	
	Ona nám dala knihu.	
	Vám	
	Ona vám dala knihu.	
	Im, nim	
	Ona im dala knihu.	
	Im, nim	
	Ona im dala knihu.	
Accusative	**Nás**	
	Oni nás pozvali na koncert.	
	Vás	
	Oni vás pozvali na koncert.	
	Ich or **nich**	
	Oni ich pozvali na koncert.	
	Ich or **ne**	
	Oni ich pozvali na koncert.	
Locative	**Nás**	

	Vy hovoríte o nás.
	Vás Vy hovoríte o vás.
	Nich Vy hovoríte o nich.
	Nich Vy hovoríte o nich.
Instrumental	**Nami** Je ťažké byť nami.
	Vami Je ťažké byť vami.
	Nimi Je ťažké byť nimi.
	Nimi Je ťažké byť nimi.

The forms "neho, nemu, nej, ňu, nim, ne" etc. are only used in combination with prepositions.

Ja (Nominative) mám mačku (Accusative). – I have a cat.

Vy (Nominative) sa môžete od nás (Genitive) veľa naučiť. – You can learn a lot from us.

Mať – To Have

Ja má**m**
    I have
Ty má**š**
    You have
On/ ona/ ono má.
    He/she/ it has
My má**me**
    We have
Vy má**te**
    You have
Oni/ ony ma**jú**
    They have

Byť – To Be

> Ja som
> > I am
>
> Ty si
> > You are
>
> On/ ona/ ono je
> > He/she/it is
>
> My sme
> > We are
>
> Vy ste
> > You are
>
> Oni/ ony sú
> > They are

> A – Ahoj! Ja som Anna. Ako ťa volajú?
> > A – Hi! I am Anna. What is your name?
>
> B – Ahoj! Volajú ma Oleg.
> > B – Hi! My name is Oleg.

Case - Pronoun

A – Kým si?

    A – Who are you?

B – (Ja) som učiteľom a otcom.

    B – I am a teacher and a father.

A – Ja som lekárkou, sestrou a dcérou. (Ja) som

    slobodná.

    A – I am a doctor, a sister, and a daughter. I am single.

B – Kde pracuješ?

    B – Where do you work?

A – (Ja) pracujem v nemocnici na Tatranskej ulici.

    A – I work at the hospital in Tatranska street.

B – Ja pracujem v škole na Štúrovej ulici.

    B – I work at the school in Štúrová Street.

A – Koľko máš rokov?

    A – How old are you?

B – Mám 35. A ty?

    B – I am 35 years old. And you?

A – (Ja) mám 28.

    A – I am 28 years old.

B – Kde žiješ?

    B – Where do you live?

A – (Ja) žijem na Malinovej ulici a ty?

    A – I live in Malinova street. And you?

B – (Ja) tiež žijem na Malinovej ulici, dom číslo 5.

    B – I also live in Malinova street. Building number 5.

A – Ja žijem v dome číslo 87.

    A – I live in the building number 87.

B – Žiješ s tvojimi rodičmi a sestrami?

    B – Do you live with your parents and sisters?

A – (Ja) nemám sestry.(Ja) mám brata. (Ja) žijem s ním.

    A – I don't have sisters. I have a brother. I live with him.

B – Koľko má rokov tvoj brat?

    B – How old is your brother?

A – Volá sa Peter. (On) má 19. (On) je študentom.

> A – His name is Peter. He is 19 years old. He is a student.

B – Čo študuje?

> B – What does he study?

A – (On) študuje históriu.

> A – He studies history.

Adjectives

Adjectives in Slovakian, similarly like nouns, have a few categories:

Number: singular – **prekrásne** dievča (a beautiful girl), plural – **prekrásne** dievčatá (beautiful girls)

Gender: feminine – **prekrásna** žena (a beautiful woman), masculine – **prekrásny** chlapec (a beautiful boy), neuter – **prekrásne** dievča.

Case: Nominative – **prekrásne** dievča, Genitive – **prekrásneho** dievčaťa, Dative – **prekrásnemu** dievčaťu, Accusative – **prekrásne** dievča, Locative – **o prekrásnom** dievčati, Instrumental – s **prekrásnym** dievčaťom,

Let's learn some useful adjectives.

Drahý – expensive

Lacný – cheap

Vysoký – high

Nízky – low

Chudý – thin

Tlstý – thick

Adjectives

Zábavný – funny

Smutný – sad

Starý – old

Nový – new

Mladý – young

Múdry – clever/smart

Hlúpy– stupid

Malý – little

Veľký – big

Je to drahý batoh – it is an expensive backpack (m).

Je to drahá kniha – it is an expensive book (f).

Je to drahé víno – it is an expensive vine (n).

Tento – this (m)

Táto – this (f)

Toto – this (n)

Pieseň – song

Kráľovstvo - kingdom

Tento chlapec je chudý – this guy is thin
Táto žena je chudá – this woman is thin
Toto dievča je chudé – this girl is thin

Jej priateľ je hlúpy – her friend is stupid
Jej sestra je múdra – her sister is clever
Jej kráľovstvo je prekrásne – her kingdom is beautiful

Tento príbeh je smutný – this story is sad
Táto kniha je zábavná – this book is funny
Toto jazero je veľké – this lake is big

Veľa – a lot
Málo – a little

Adjectives

> Táto žena je mladá. Volá sa Darina. (Ona) je prekrásna. Darina veľa pracuje. (Ona) pracuje ako manažérka v sfére IT. Darina má brata. (On) je tiež mladý. Volá sa Denis. Má 21 rokov. Denis študuje ekológiu.
>
> This woman is young. Her name is Darina. She is very beautiful. Darina works a lot. She works as a manager in the sphere of IT. Darina has a brother. He is also young. His name is Denis. He is 21 years old. Denis studies ecology.

Školák – schoolboy

Školáčka – schoolgirl

Manželka – wife

Inžinier – engineer

Tento muž je veľmi múdry. Volá sa Pavol. (On) hovorí anglicky, španielsky a ukrajinsky.

> This man is very smart. His name is Pavol. He speaks English, Spanish and Ukrainian.

Pavol je inžinierom. Pavol je ženatý. Jeho manželka sa volá Viktória. Pracuje ako taxikárka.

> Pavol is an engineer. Pavol is married. His wife's name is Viktória. She works as a taxi driver.

(Oni) majú tri deti. Olena má 19. Je študentkou. Peter má 17. Je školákom. Darina má 7. Je školáčkou. (Oni) tiež majú mačku.

> They have three kids. Olena is 19 years old. She is a student. Peter is 17 years old. He is a schoolboy. Darina is 7 years old. She is a schoolgirl. They also have a cat.

Food

Raňajky – breakfast
Obed – lunch
Večera – dinner
Pomaranč (pomaranče) – orange (oranges)
Banán (banány) – banana (bananas)
Hruška (hrušky) – pear (pears)
Čerešňa (čerešne) – cherry (cherries)
Jahoda (jahody) – strawberry (strawberries)
Čaj – tea
Káva – coffee
Mlieko – milk
Voda – water
Zemiak (zemiaky) – potato (potatoes)
Ryža – rice
Šalát – salad
Mäso – meat
Lyžica (lyžice) – spoon (spoons)
Vidlička (vidličky) – fork (forks)
Nôž (nože) – knife (knives)
Tanier (taniere) – plate (plates)
Chutný – tasty

JESŤ - To Eat

Ja jem	I eat
Ty ješ	You eat
On/ ona/ ono je	He/she/it eats
My jeme	We eat
Vy/ Vy jete	You eat
Oni/ ony jedia	They eat

PIŤ - To Drink

Ja pijem	I drink
Ty piješ	You drink
On pije	He/she/it drinks
My pijeme	We drink
Vy/ Vy pijete	You drink
Oni/ ony pijú	They drink

(My) jeme chutnú ryžu a mäso. – We eat tasty rice with meat.

(Oni) jedia zemiaky a šalát. – They eat potatoes and salad.

(On) pije kávu. (On) má veľmi veľký hrnček. – He drinks coffee. His mug is very big.

(Ona) je mäso. (Ona) má veľmi malý tanier. – She eats meat. Her plate is very small.

Deti pijú mlieko. – Kids drink milk.

Každý deň – every day

Každý mesiac – every month

Každý rok – every year

Dnes – today

Zajtra – tomorrow

Včera – yesterday

Často – often

Zriedka (zriedkakedy) – seldom

(Ja) často jem zemiaky. – I often eat potatoes.

(On) zriedkakedy je mäso. – He eats meat seldom.

(Ona) pije kávu každý deň. – She drinks coffee every day.

(Oni/ ony) pracujú každý deň. – They work every day.

(Ja) často cestujem. – I often travel.

(Ja) zriedkakedy hovorím španielsky. – I seldom speak Spanish.

We hope this book will help you start learning Slovakian. We are sure you will love this beautiful and melodic Slavic language. A little bit of practice and you will master it in any time!

Made in the USA
Monee, IL
13 November 2022